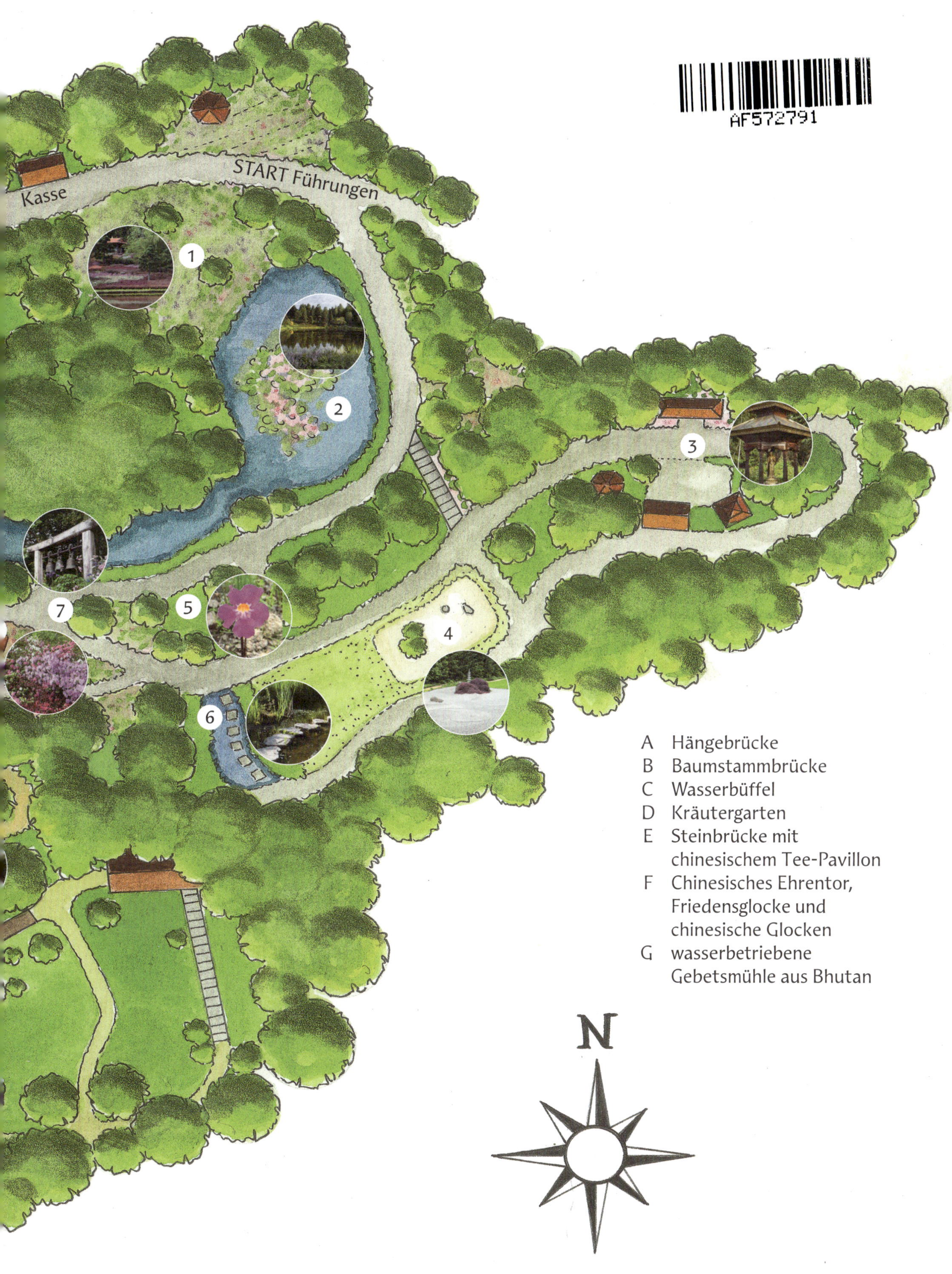
AF572791
Kasse
START Führungen
1
2
3
4
5
6
7
A Hängebrücke
B Baumstammbrücke
C Wasserbüffel
D Kräutergarten
E Steinbrücke mit chinesischem Tee-Pavillon
F Chinesisches Ehrentor, Friedensglocke und chinesische Glocken
G wasserbetriebene Gebetsmühle aus Bhutan
N

Stefanie Syren · Ulrike Romeis

Der Garten der Glückseligkeit

Der Nepal Himalaya Park in Bayern

Deutsche Verlags-Anstalt

Inhalt

Den Park erleben 23

Wie der Park Menschen verbindet 87

Wer Bäume setzt,
obwohl er weiß, dass er nie in ihrem Schatten sitzen wird,
hat zumindest angefangen, den Sinn des Lebens zu begreifen.
Rabindranath Tagore (1861 – 1941)

Vorwort von Heribert Wirth

Oben Die beiden in Bronze gegossenen Hände am Eingangstor symbolisieren Schutz und Frieden und halten die Blüte einer Lotospflanze.

Rechte Seite Margit und Heribert Wirth auf der steinernen Brücke, die in den chinesischen Teil des Parks, den „Garten der Freude", führt.

Die Tugend der Toleranz hat mich mein Leben lang begleitet; ich messe ihr große Bedeutung bei. Als ich vor nunmehr 17 Jahren die Expo 2000 in Hannover besuchte und entdeckte, dass das Land Nepal dort einen Pavillon aus zwei Bauteilen errichtet hatte – jeder Bauteil stand für eine der beiden Religionen, Hinduismus und Buddhismus, und doch bildeten beide eine Einheit, ein Symbol der Toleranz und des Friedens –, war ich begeistert und wollte mit diesem Kunstwerk einen Ort schaffen, der der Toleranz gewidmet ist. Heute steht der Pavillon auf dem Gelände eines ehemaligen Steinbruchs, aus dem mittlerweile ein Park entstand.

Mein Lebensmotto „Gib nie auf" habe ich in die Glocke im chinesischen Teil gießen lassen. Ich wünsche mir, dass dieser Park noch vielen Menschen Freude macht und sie inspiriert. Lassen Sie sich von diesem wunderbaren Buch auf eine erste Reise dorthin mitnehmen.

Die Erlöse aus den Eintrittsgeldern des Parks gehen in unsere Stiftung WASSER FÜR DIE WELT, die Wasserprojekte in armen Ländern finanziert und unterstützt.

Namaste

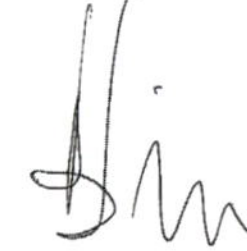

Wie der Park entstand

Parkprojekt statt Ruhestand

Oben Reinhold Messner, hier im Messner Mountain Museum Firmian, war einer der ersten Parkbesucher und schätzt die Arbeit von Heribert Wirth sehr.

Rechte Seite Wenige Schritte vom Eingang entfernt blickt der golden schimmernde Buddha zum großen Teich.

Seite 8/9 Im Mai, zu Beginn der Saison, blühen die Rhododendren rund um den Nepal-Himalaya-Pavillon.

In einem Garten geben sich Natur und Kultur die Hand – eine Begegnung, die sich in diesem mittlerweile fast 9 Hektar großen Park in Wiesent bei Regensburg besonders gut erleben lässt. Ein Pavillon, der Buddhismus und Hinduismus vereint, gebettet in einen mit Pflanzenschätzen gesegneten Park – besser könnte man das Miteinander von Mensch und Natur kaum versinnbildlichen. Die Vermutung liegt nahe, dass der Kopf hinter dieser bemerkenswerten Anlage ein Botaniker mit einem Faible für fernöstliche Kulturen und Religionen ist, doch damit liegt man falsch.

Wie das Juwel der Expo nach Wiesent kam

Als die Geschichte im Jahr 2000 begann, wusste Heribert Wirth selbst noch nicht, dass er eines Tages einen Park erschaffen würde, der Jahr für Jahr Tausende Besucher in seine Oberpfälzer Heimat locken würde. Er selbst war weder begeisterter Hobbygärtner noch Anhänger fernöstlicher Religionen. Vielmehr wollte der bekennende Katholik und ehemalige Unternehmer ein wenig kürzertreten. Seine Firma hatte er aus gesundheitlichen Gründen verkauft; den Terminkalender würde von nun an also nicht mehr der Beruf bestimmen. Dass auf ihn eine

Oben Die Trauben-Eichen *(Quercus petraea)* waren schon lange vor der Anlage des Gartens in der Erde verwurzelt. Sie säumen heute den Kiesweg, der oberhalb der Himalaya-Pflanzen-Sammlung zum Pavillon führt.

neue *Berufung* warten würde, ahnte er da noch nicht. Doch als Heribert Wirth an einem Frühlingsmorgen die Zeitung aufschlug, las er über den Aufbau der Expo 2000 in Hannover. Diesmal ging es nicht um die Eintrittspreise oder zu hohe Kosten, sondern um ein bayerisches Bierzelt, das auf dem Gelände errichtet werden sollte. Eigentlich nichts Ungewöhnliches, doch dieses Bierzelt sollte direkt neben dem nepalesischen Pavillon aufgestellt werden. Dieses Bauwerk war als Ort der Ruhe und Einkehr und als Symbol für das friedliche Miteinander verschiedener Religionen gedacht. Der Aufbau hatte bereits begonnen, als die Nepalesen von dem benachbarten Zelt erfuhren. Sie waren enttäuscht und hätten mit diesem Wissen den in mühevoller Handarbeit hergestellten Pavillon wohl nie aufgegebaut. Bayerische Bierseligkeit neben einem Ort der Ruhe und Meditation? Das sorgte auch bei Heribert Wirth für Unverständnis. Als Bayer sah er sich in der Pflicht, nahm Kontakt zu Birgit Breuel, der Generalkomissarin der Expo, auf, und erreichte einen Teilerfolg: Die Blasmusik würde auf der vom Tempel abgewandten Seite spielen und eine Schallschutzmauer zwischen Zelt und Pavillon für die im Rahmen einer Expo größtmögliche Ruhe sorgen. Die Nepalesen bauten weiter und ihr Pavillon der Toleranz war einer der meistbesuchten Länderpavillons in Hannover. Heribert Wirth fühlte sich auch nach dem Ende der Weltausstellung mit dem Schicksal des wertvollen Baus verbunden: Als er erfuhr, dass der Pavillon so gut wie verkauft war und auf dem Gelände eines Zoos im Ruhrgebiet aufgebaut werden sollte, fühlte er sich erneut in der Pflicht: Er kaufte den Pavillon und brachte das in vieler Hinsicht bemerkenswerte Bauwerk nach Wiesent.

Dieser Pavillon braucht einen Park

Heribert Wirth sah den Erwerb nicht als Privatvergnügen, sondern wollte dieses einzigartige Stück nepalesischer Kultur für Besucher zugänglich machen. Der Pavillon brauchte also einen würdigen Platz und viel Freiraum, um voll zur Geltung zu kommen. Wo würde das besser gehen, als in einem Stück gestalteter Natur, in einem Park? Auf der Martiniplatte in Wiesent, einer Anhöhe rund 25 Kilometer östlich von Regensburg, fand er schließlich ein geeignetes Gelände. Rund drei Jahre nach der Expo stand der Pavillon wieder, und Wirth hatte es sogar geschafft, rechtzeitig zur Eröffnung einen Garten anzulegen. Doch er wollte mehr und den Besuchern auch botanisch etwas Besonderes bieten. Vier Jahre nach der Eröffnung engagierte er deshalb Olaf Grabner als Obergärtner nach Wiesent. Seitdem kümmert sich der versierte Pflanzenspezialist aus Brandenburg um die Botanik in dem großen Gelände. Ebenso wie Wirth ist er während der Saison nahezu täglich von früh bis spät im und mit dem Park beschäftigt.

Unten Am Pavillon flattert die nepalesische Flagge im Wind. Als weltweit einzige Nationalflagge zeigt sie die ungewöhnliche Form eines doppelten Wimpels.

Der nepalesische Pavillon

Vom Himalaya in die Oberpfalz

Oben Blickt man am Tempel nach oben, entdeckt man die Figur einer Kumari. Die lebende Göttin wird in Nepal im Kleinkindalter gekürt und bis zur Pubertät verehrt.

Rechte Seite Dieses Paar stellt Shiva, einen der höchsten hinduistischen Götter, und seine Gattin Parvati dar.

Seite 14/15 Stühle im hinduistischen Pavillon-Teil laden ein, das Bauwerk bei einer Pause auf sich wirken zu lassen.

Gebetsfahnen flattern im Wind, der Wandelgang des Pavillons wird erfüllt vom meditativen Gesang eines nepalesischen Künstlers. Ein klarer, reiner Klang, der diesem Ort eine ruhevolle Würde verleiht und die Gespräche der Besucher automatisch verstummen lässt. Buddhas Augen blicken vom golden schimmernden Turm in die vier Himmelsrichtungen. Zu sehen ist nicht der Himalaya, sondern die Weite des Donautals und die Ausläufer des Bayerischen Waldes. Doch wer den leichten Anstieg am Hang der Himalaya-Pflanzen hinaufgekommen ist und nun vor dem Pavillon steht, kann sich unwillkürlich in das über 6000 Kilometer entfernte Nepal versetzt fühlen. Dabei ist der Pavillon ein Einzelstück, so ein Bauwerk wird man dort gar nicht finden.

Zwar gibt es zwischen Hindus und Buddhisten in dem kleinen, an der Südseite des Himalayas gelegenen Land viele Berührungspunkte. Viele Nepalesen verehren sowohl Buddha als auch hinduistische Götter, doch die jeweiligen religiösen Stätten sind voneinander getrennt. Der Pavillon, der hinduistische und buddhistische Elemente miteinander vereint, ist weltweit einzigartig und symbolisiert das friedliche Miteinander der Menschen. Die Botschaft des Bauwerks ist universell und spricht jeden an – unabhängig von Religion und Herkunft. Auf der Expo 2000 in Hannover besuchten seinerzeit über drei Millio-

nen Menschen den Pavillon; die wenigsten von ihnen dürften Hindus oder Buddhisten gewesen sein. Auch nach dem Umzug von Niedersachsen nach Ostbayern steht das einzigartige Bauwerk allen Menschen offen und trägt die Botschaft von Frieden und Toleranz ganz im Sinne von Heribert Wirth weiter, der den Pavillon nicht als missionarisches Projekt für Hinduismus und Buddhismus versteht, sondern dessen symbolische Strahlkraft eines toleranten Miteinanders der Menschen betonen möchte.

Das Runde schmiegt sich an das Eckige

Amrit Shakya, der Architekt des Pavillons, verband die eckigen Elemente eines hinduistischen Tempels und die runde Form eines buddhistischen Stupa in einem Bauwerk. Wer den Pavillon von außen betrachtet und schon einmal in Nepal war, wird sich beim Anblick an seine bekannten Vorbilder erinnern: Den hinduististischen Teil entwarf Shakya nach dem Vorbild des Tempels von Bhaktapur, rund 15 Kilometer östlich von Kathmandu gelegen. Der weiß verputzte Stupa erinnert wiederum an den Stupa Swayambunath, der westlich von Kathmandu auf einem Hügel steht. Am Eingang des Pavillons fallen Glocke und Donnerkeil ins Auge. Manchmal kann man den ruhigen und tiefen Klang der Glocke am Eingang hören.

Linke Seite Buddhas Augen blicken vom Stupa aus in die vier Himmelsrichtungen. Zwischen seinen Brauen liegt das dritte Auge, das Symbol seines allumfassenden Wissens. In Nepal umkreisen Buddhisten Stupas im Urzeigersinn und erweisen dadurch der Lehre Buddhas ihren Respekt.

Rechts oben Jede der schweren Salholz-Säulen, die das Dach des 74 Meter langen Wandelgangs stützen, ruht auf einem geschnitzten Kopf, der Mutter Erde darstellt und uns daran erinnert, die Erde zu schützen und zu erhalten.

Rechts unten Die Glocke (Ghanta) symbolisiert im Buddhismus die Weiblichkeit, während der darunter liegende Donnerkeil (Vajra) das männliche Prinzip verkörpert.

Hin und wieder ermuntert Heribert Wirth Besucher, den Klöppel in die Hand zu nehmen: „Läuten Sie einmal für sich, einmal für uns alle und einmal für den Weltfrieden“, sagt er dann und betraut den Gartengast mit dieser schönen Aufgabe. Auch in Nepal wird die Glocke vor einem Tempel dreimal geläutet. Das soll Glück bringen und das eigene Karma verbessern. Ist der Klang der Glocke verhallt, führen die nächsten Schritte in den Pavillon mit seinem Wasserbecken, das die Blicke ruhen lässt. Hier kann jeder eine Pause machen, innehalten, der Musik lauschen und die Atmosphäre auf sich wirken lassen.

Oben Ein winkelförmiges Wasserbecken liegt im Zentrum des Wandelgangs. Hier wächst eine Indische Lotosblume *(Nelumbo nucifera)*. Sie gilt sowohl im Hinduismus als auch im Buddhismus als Symbol für Reinheit.

Rechte Seite Über den 13 goldenen Scheiben, die den Weg ins Nirwana symbolisieren, sind beschriftete Gebetsfahnen angebracht. Nach buddhistischem Glauben trägt der Wind die Gebete und Segenswünsche in alle Welt.

Eine Heimat für kostbares Kunsthandwerk

In einer von Effizienz und Tempo geprägten Gesellschaft faszinieren auch die Sorgfalt und Mühe, die den Pavillon entstehen ließen: Rund drei Jahre lang war im Vorfeld der Expo daran gearbeitet worden. 800 Handwerkerfamilien haben ihre Kunstfertigkeit im Pavillon verewigt, viele von ihnen Schnitzer, die das sehr harte Salholz *(Shorea robusta)* von Hand bearbeitet haben. Insgesamt verwendeten sie rund 450 Tonnen des schweren und robusten Holzes. In unzählige Einzelteile zerlegt und in 28 Container verladen, ging der Pavillon auf die Reise von Nepal nach Europa. Zunächst nach Hannover, und von dort aus über den Regensburger Hafen schließlich nach Wiesent. Die Art und Weise, wie die 28 Nepalesen den Pavillon wiederaufgebaut haben, begeistert Heribert Wirth noch heute: „Für mich grenzt es an ein Wunder, dass dieser Pavillon hier steht. Keines der Teile war nummeriert und trotzdem wusste jeder der Handwerker sofort, wo jedes einzelne noch so kleine Stück hingehört.“ Jeder von ihnen schien so vertraut mit dem Bau zu sein, dass er ihn praktisch auswendig kannte. Auch die Qualität der Arbeit bis ins letzte Detail, die traditionellen Holzverbindungen und der minimale Einsatz von Technik faszinieren ihn.

Insofern ist der Pavillon beides: Symbol für Toleranz und zugleich wertvolles Zeugnis gelebter Handwerkskunst vom Fuße des Himalayas.

Den Park erleben

Am großen Teich

Oben Über der Büste hängt ein sanft klingendes Windspiel im Blauglockenbaum *(Paulownia tomentosa)*.

Rechte Seite Wenige Schritte vom Eingang entfernt fällt der Blick auf den großen Buddha aus Bronze, der am Ufer sitzt und Gelassenheit und Ruhe ausstrahlt.

Seite 22/23 Wie ein Himmelsspiegel liegt der große Teich im Gelände des Parks – so, als wäre er schon immer dagewesen und nicht erst mühevoll angelegt worden.

Auf den Wald folgt die Weite. Wer vom Parkplatz her kommend das Eingangstor passiert, ist überrascht vom Ausblick über die weite Ebene der Donau. Der Park scheint sich dem Besucher förmlich zu öffnen: Unterstützt wird diese einladende Atmosphäre von den beruhigenden Tönen der Windspiele, die in den Bäumen am Eingang hängen und die Luft schon beim leisesten Windhauch mit ihren Klängen erfüllen. Ein großer Teich schmiegt sich an den Hang und liegt den Gartengästen zu Füßen. Im Wasser spiegelt sich die imposante Figur eines in sich ruhenden Bronze-Buddhas. Dass dieses Gelände ursprünglich als Steinbruch genutzt worden und von Brombeergestrüpp überzogen war, kann man sich heute kaum noch vorstellen.

Auch wenn der Park vor allem wegen des einzigartigen Nepal-Himalaya-Pavillons bekannt ist, lohnt es sich, schon am Eingang innezuhalten und den Garten auf sich wirken zu lassen. Die Atmosphäre von Ruhe und Harmonie ist nicht auf den Pavillon beschränkt, sondern erstreckt sich auf die gesamte Anlage. Es wirkt, als hätte Buddha hier schon immer gesessen, friedlich eingebettet in Blüten und Bäume. Tatsächlich steckt gerade hinter einem Garten, der so selbstverständlich wie ein Stück vom Himmel gefallenes Paradies wirkt, sehr viel Arbeit und ein kluger Kopf. Das ist auch in Wiesent so.

Heribert Wirth, der sich selbst bescheiden als Laien bezeichnet, empfand den Charakter der nepalesischen Landschaft mit viel Engagement und Fingerspitzengefühl nach. Das gelang ihm so gut, dass selbst ein ausgewiesener Himalaya-Kenner wie Reinhold Messner vom Park angetan war und ihn als einmalig bezeichnete. Für Heribert Wirth selbst ist der Garten längst zu einer Quelle des Glücks *und* der Arbeit geworden. Immer gibt es etwas zu tun, doch beides ergänzt sich, erzählt er: „Ich möchte einen Garten nicht einfach anlegen lassen und ihn dann nur anschauen. Ich möchte selbst aktiv sein und etwas darin tun." Der Garten bestimmt seinen Tagesablauf. Sein Notizbuch mit den nächsten Aufgaben oder Ideen, die er mit seinem Chefgärtner Olaf Grabner besprechen möchte, trägt er im Garten stets bei sich – ebenso wie das Funkgerät, das auch seine Frau Margit meist bei sich hat. Denn auch für sie ist der Park längst zur Lebensaufgabe geworden.

Mit Geduld zum goldenen Buddha

Heribert Wirth hat Geduld, was hilfreich ist, denn manchmal dauert es Jahre, bis aus einer Idee Wirklichkeit wird. So war es auch beim golden schimmernden Buddha, den er für den Park fertigen ließ. Rund drei Jahre hat er auf die Statue gewartet, die Siddharta Gautama, den Religionsstifter des Buddhismus, darstellt. Dieser wurde im 5. Jahrhundert v. Chr. als Sohn des Adelsgeschlechts der Shakya im heutigen Nepal geboren. Er ließ das Leben in Reichtum hinter sich und wurde nach seiner Erleuchtung

Ganz oben Der Pavillon mit dem golden glänzenden Buddha schmückt den großen Hang oberhalb des Kieswegs. Am Teichufer hat der große Bronze-Buddha im Laufe der Jahre eine leichte Patina angesetzt.

Oben Der steinerne Stupa wird im Frühsommer von Duftender Nachtkerze *(Oenothera odorata)* und Illyrischer Siegwurz *(Gladiolus illyricus)*, einer seltenen Verwandten der bekannten Garten-Gladiole, gerahmt.

Rechte Seite oben Unterhalb des Kassenhäuschens bedecken die farbenprächtigen Polster der fast 10 000 Besenheide-Pflanzen *(Calluna vulgaris)* den Hang südlich des Wegs wie ein hochfloriger Teppich.

Rechte Seite unten Nach wenigen Schritten lädt die von Heribert Wirth entworfene Bank zu einer ersten Pause ein. Wer sich hier niederlässt, hat einen wunderbaren Blick auf Blüten, Wasser und den großen Buddha.

Oben Die Bank von Seite 27 aus der Nähe betrachtet und viele Wochen später: Im Sommer haben Stauden wie Flammenblume *(Phlox paniculata* 'Adessa Red'), Purpur-Fenchel *(Foeniculum vulgare* 'Atropurpureum') und Purpur-Sonnenhut *(Echinacea purpurea)* ihre volle Pracht entwickelt und man kann förmlich im Beet Platz nehmen.

zum Buddha („Der Erwachte"). Die Figur zeigt ihn in der Geste der Erdanrufung: Seine rechte Hand verbunden mit Mutter Erde, als Zeugin für die Wahrheit seiner Worte. Gefertigt wurde die Figur in Nepal. Der in Bronze gegossene und feuervergoldete Buddha sitzt unter dem Dach eines Pavillons, der seinerseits ein Kunstwerk ist. Seine Salholzsäulen wurden ebenfalls in Nepal gefertigt, allerdings über 30 Jahre *vor* diesem Buddha, als nepalesischer Beitrag für die Internationale Gartenbau-Ausstellung (IGA) in München 1983. Heribert Wirth konnte die Säulen vor einigen Jahren vom damaligen Besitzer erwerben und fand für sie im Park eine würdige Verwendung.

Wer sich auf der Steinbank am großen Teich niederlässt, um das Miteinander kunstvoller Figuren und gestalteter Natur auf sich wirken zu lassen, sitzt ebenfalls auf einem Stück Handwerkskunst: Heribert Wirth hat diese und viele weitere Bänke selbst entworfen und in China aus massivem Granit fertigen lassen. Jede ist ein nahezu unverwüstliches Unikat.

Kunstvolle Baumskulpturen

Der Aufwand und die Aufmerksamkeit für Details wird auch den Pflanzen zuteil: Oft wird Heribert Wirth gefragt, welche Kiefern-Art er oberhalb der farbenprächtigen Besenheiden und etwas weiter unten im Shangri-La gepflanzt hat: „Die Leute glauben mir dann gar nicht, dass es ganz normale, heimische Kiefern sind“, erzählt er. Tatsächlich erinnern die Bäume an große Bonsais und weniger an den Wuchs der bekannten Wald-Kiefer *(Pinus sylvestris)*. Woher also die Form? Das Geheimnis liegt in diesem Fall in der Pflege: „Wir knipsen die Triebspitzen der Kiefern aus – jedes Jahr“, fährt Wirth fort. Drei Mitarbeiter sind damit rund zwei Wochen lang beschäftigt, kein Austrieb darf übersehen werden.

Eine derart minutiöse Pflege kann natürlich nicht jeder Pflanzenart im Garten zuteil werden, und das muss sie auch nicht: Den Lavendel, der am großen Teich und im übrigen Teil des Parks wächst, hat Olaf Grabner sorgfältig gewählt: „Hier verwende ich 'Dwarf Blue', weil diese Sorte kompakt wächst und nicht so oft geschnitten werden muss.“ Außerdem müssen die Pflanzen möglichst gut an die Standortgegebenheiten angepasst sein, erzählt er: „Was hier wächst, muss mit großer Hitze im Sommer und Minusgraden im Winter klarkommen.“ Dass es Pflanzen gibt, die diesen Strapazen trotzen und dabei Haltung bewahren, beweist schon das erste Beet am Hang: Russischer Natternkopf *(Echium russicum)*, Bergminze *(Calamintha)* oder das duftende Tautropfengras *(Sporobolus heterolepis)* sind nur drei der zahllosen Arten, die Olaf Grabner hier zu einem dichten und farbenfrohen Teppich verwoben hat.

Unten An der auf Java gefertigten Büste führt der Weg die Treppe hinunter in die weiteren Teile des Parks: in das Shangri-La und den von einer großen Kiesfläche geprägten, japanisch inspirierten Garten.

Harmonie im Shangri-La

Oben Im Shangri-La wachsen viele Arten, die schattige und halbschattige Standorte lieben, wie der weiß blühende Wald-Phlox *(Phlox divaricata* 'May Breeze') und der Regenbogen-Farn *(Athyrium niponicum)*.

Rechte Seite Der Buddhismus kennt verschiedene Buddhas, die den Kreislauf von Tod und Wiedergeburt durch Erleuchtung verlassen haben. Hier ist ein Dipankara-Buddha, ein Buddha der Vergangenheit, zu sehen. Er soll mehrere Jahrtausende vor dem Religionsstifter Siddharta Gautama gewirkt haben. Im Shangri-La steht seine Statue unter dem schützenden Dach eines kleinen Pavillons. Im Mai wird die Figur von den Doldenblüten des Wiesenkerbels *(Anthriscus sylvestris* 'Ravenswing') gerahmt.

Das Paradies liegt nahe. Vom großen Teich geht man nur wenige Schritte bis in das Shangri-La. Dieser Gartenteil wirkt mit den in Blüten gebetteten Tempelchen und Figuren so harmonisch, dass man sich im Himmel auf Erden wähnen könnte. Leser des 1933 erschienenen Bestellers *Lost Horizon* von James Hilton kennen das Shangri-La als einen fiktiven und von Schönheit erfüllten Ort im Himalaya. Das Shangri-La von Wiesent passt nicht zwischen zwei Buchdeckel, sondern ist Gestalt gewordene Gartenkunst. Nimmt man die Treppe am Teich und folgt an ihrem unteren Ende dem Weg nach links, gelangt man in diese sorgfältig komponierte Wirklichkeit.

Schon das Tor zum Shangri-La wird einem Eingang zum Paradies gerecht: Es wurde in aufwändiger Handarbeit aus dem wertvollen und besonders beständigen Holz des Litschibaums *(Litchi chinensis)* gefertigt. Mit seinen kunstvollen Schnitzereien lädt es die Besucher schon vor dem Betreten dieses Gartenteils zum Innehalten und Betrachten der Ornamente ein. Wer das Tor passiert, kann das sorgfältig komponierte Zusammenspiel aus Kunsthandwerk und Pflanzenvielfalt erleben. Rund 800 der insgesamt weit über 4000 Pflanzenarten des Parks sind im Shangri-La zu finden. Der Artenreichtum hängt auch mit den unterschiedlichen Standorten, die dieser Gartenbereich bietet, zusammen: Er wurde auf

einer Lichtung im östlichen Teil des Parks angelegt. Sonnige Beete mit eher trockenen Verhältnissen sind hier ebenso vertreten wie halbschattige und schattigen Zonen. Da die Beete hier großzügig angelegt und mehrere Meter breit sind, bieten sie gestalterisch viele Möglichkeiten. Zugleich ist genug Platz vorhanden, um viele verschiedene Arten zu pflanzen, ohne kleinteilig zu wirken. Für Heribert Wirth war das Shangri-La der erste Bereich des Parks, in dem er seine eigenen Ideen gemeinsam mit Olaf Grabner weiterentwickeln konnte.

Oben Der Stupa am kleinen Platz wird von Phlox *(Phlox paniculata* 'Adessa Red'), Helmkraut *(Scutellaria incana)* und Kaschmirdolden *(Selinum wallichianum)* gerahmt.

Rechte Seite oben Wenige Schritte hinter dem Tor zum Shangri-La fällt der Blick auf den weißen Buddha, der in Myanmar aus Marmor gefertigt wurde.

Rechte Seite unten Das Duo aus Großem Tafelblatt *(Astilboides tabularis)* und kleinblättriger Himalaya-Wolfsmilch *(Euphorbia griffithii* 'Fireglow') lebt vom raffinierten Kontrast ihrer unterschiedlichen Blattformen.

Raritäten für das Shangri-La als erste Aufgabe

Heribert Wirth hatte früher, wie er selbst sagt, kein besonders großes Interesse an Pflanzen. Doch durch den Nepal-Himalaya-Pavillon sollte sich das ändern. Mit dem Ziel, für den Pavillon einen besonders schönen Platz zu finden, hatte er das Gelände rund um einen ehemaligen Steinbruch gewählt. Die Suche nach geeigneten Gewächsen ließ ihn im Laufe der Jahre nicht nur Fachbücher wälzen, sondern auch zum Kunden zahlreicher gut sortierter Baumschulen und Gärtnereien werden. Eine davon war die Staudengalerie in Locktow bei Potsdam. Sie wurde von Olaf Grabner geführt, der sich mit seinem erlesenen Sortiment in Fachkreisen einen Namen gemacht hatte.

Als Wirth eines Tages erfuhr, dass Grabner plante, seine Gärtnerei zu schließen, bedauerte er, dass diese Quelle für seltene Stauden versiegen würde, erkannte jedoch in der eigentlich traurigen Nachricht die Möglichkeit für die weitere Entwicklung des Parks: Er bot Olaf Grabner die Stelle des Chefgärtners in Wiesent an. Grabner ergriff die Chance und verlegte seinen Lebensmittelpunkt aus Brandenburg in die Oberpfalz. Einige seiner Raritäten zogen ebenfalls um und schlugen in Wiesent Wurzeln, denn zumindest die schattigen Zonen des Shangri-La waren gut für Olaf Grabners Schützlinge geeignet. Er hatte in seiner Gärtnerei ein gut sortiertes Angebot an Schattenstauden und das kontinentale Klima rund um Berlin ähnelt den Gegebenheiten in Wiesent

Oben Im Shangri-La begegnen die Besucher der Figur einer „Tara" zwei Mal. Diese weibliche Erleuchtete kann viele verschiedene Erscheinungsbilder und Bedeutungen haben. Im Vordergrund und in Stein gemeißelt eine „Grüne Tara", die Ängste nehmen soll. Im Hintergrund unter einem schützenen Dach, die in Nepal gefertigte, golden schimmernde Figur einer „Weißen Tara", die unter anderem Sanftheit und Frieden symbolisiert.

durchaus. Trockenen heißen Sommern und tiefem Frost im Winter müssen Pflanzen in Brandenburg wie in der Oberpfalz trotzen. So hatte Olaf Grabner einige seiner Eigengewächse im Gepäck, als er die neue Stelle im Nepal Himalaya Park antrat.

In den von Kiefern beschatteten Beeten zeigen sich die ersten Blüten schon früh: Elfenblumen *(Epimedium)* überziehen den Boden schon ab April mit ihrem Blütenteppich. Im Shangri-La sind sie in einer solchen Vielfalt vorhanden, dass Besucher viele weitgehend unbekannte Arten entdecken können. Während zumindest die europäischen Vertreter der Elfenblumen mittlerweile in vielen Privatgärten gedeihen, wird man viele der asiatischen Arten nur mit Glück im Sortiment einer Gärtnerei finden. Zu den Raritäten unter den Schattenkindern zählt die

Blattschmuckstaude *Syneilesis aconitifolia*, für die es in Deutschland noch keinen gebräuchlichen Namen gibt. In England wird sie wegen ihrer geschlitzten Blätter „Shredded Umbrella" („Zerfledderter Regenschirm") genannt. Eine weitere Seltenheit ist die Herzblattwurz *(Saruma henryi)*, deren Blätter tatsächlich wie grüne Herzen aussehen. Damit passt diese Staude auch im übertragenen Sinne bestens in diesen von Harmonie geprägten Garten.

Eintauchen in die Farben der Prachtstauden

In den schattigen Zonen des Shangri-La lohnt es sich, den Blick zu senken, Seltenheiten zu entdecken und zusammen mit bekannten Schönheiten wie den Funkien *(Hosta)* auf sich wirken zu lassen. Dort, wo die Sonne diesen Gartenteil verwöhnt, grüßen hoch aufragende Beetstauden den Besucher auf Augenhöhe oder fallen durch die Farbenpracht ihrer Blüten auf: Rittersporn, Sonnenbraut, Aster und Phlox bekommen hier ihren Auftritt. Diese spektakulären Pflanzungen sind etwas aufwändiger in der Pflege. Vor allem im Sommer müssen die in der Sonne gelegenen Beete des Shangri-La bewässert werden. Auch im Paradies auf Erden arbeitet der Mensch, und die

Unten links *Epimedium koreanum* zeigt hellgelbe Blüten und ist anders als die europäischen Elfenblumen sommergrün. Gemeinsam mit den weißen Kerzen der Schaumblüte *(Tiarella cordifolia)* holt sie Licht in den Schatten.

Unten rechts Die Waldlilie *(Trillium luteum)* gedeiht ebenfalls im Schatten. Über den dreiteiligen Blattquirlen öffnen diese Staudenschätze im Frühling ihre gelbe Blüten. Im Sommer zieht sich die Pflanze komplett ein und bleibt bis zur nächsten Saison unsichtbar.

aus Blüten und Gräsern komponierten Bilder beweisen, dass sich die Mühe lohnt.

Außer Schatten- und Sonnenstauden wachsen im Shangri-La viele noch junge Gehölze, die ihre eigentliche Größe erst noch erreichen werden. Sie könnten dazu beitragen, dass der Park in einigen Jahren auch als Arboretum (Gehölz-Sammlung) bekannt werden dürfte. Denn wie bei den Stauden sind es ungewöhnliche Arten, die in Wiesent wachsen: im Shangri-La zum Beispiel die Schirm-Magnolie *(Magnolia tripetala)* oder der Losbaum *(Clerodendrum trichotonum)* mit seinen duftenden Blüten.

Ein Garten der Geborgenheit

Das Shangri-La soll Harmonie und Frieden ausstrahlen, und diese Botschaft kommt an. Viele Besucher halten beim Rundgang durch den Park lange inne und lassen die sorgfältig komponierten Bilder auf sich wirken. Offensichtlich tut es gut, hier zu sein. Die friedliche Atmosphäre lebt von den ausgewogenen Proportionen und vom Dialog der Natur mit den kunstvoll gearbeiteten Figuren. Heribert Wirth hat diese Schätze oft auf seinen Reisen durch Asien entdeckt und mit viel Geduld in Szene gesetzt: „Die meisten Figuren finde ich zufällig. Die eigentliche Suche beginnt für mich erst danach. Oft dauert es lange, bis ich eine Figur aufstellen kann, weil ich zuerst den passenden Sockel für sie finden muss.“ Diese kompromisslose Suche nach Qualität tut dem Garten gut und zeigt sich anhand scheinbarer Kleinigkeiten: Der Platz, um den sich die Tempel im Shangri-La gruppieren, ist mit nepalesischen Basaltplatten ausgelegt, die aus der Nähe des Basislagers zum Mount

Oben Der Bronze-Buddha aus Myanmar strahlt Ruhe und Gelassenheit aus. Den handgeschnitzten Tempel teilt er mit einem weiteren Buddha, der ihm gegenübersitzt.

Links Im späten Frühling zeigt sich das Duo aus Zier-Lauch *(Allium aflatunense)* und Mittelhoher Bart-Iris *(Iris barbata-media)* als blühendes Paar in Lila und Lichtblau.

Everest stammen. Ihre unregelmäßigen Oberflächen sind von der Natur geformte Kunstwerke, die jeder Besucher, der mit Muße und wachem Blick durch den Garten geht, entdecken wird.

Auch die Tempel und Pavillons, die als schützendes Dach über den Figuren dienen, sind keine reinen Zweckbauten, sondern ihrerseits von Hand geschnitzte Kunstwerke. Heribert Wirth ließ sie eigens für die Buddhas und eine der Taras anfertigen. Der Aufwand hat sich gelohnt und trägt seinen Teil zur harmonischen Atmosphäre im Shangri-La bei.

Oben Ein kunstvoll geschnitzter Torbogen aus Litschi-Holz markiert den Eingang zum Shangri-La. Im Hintergrund ist der japanische Teil des Gartens mit seiner akkurat gerechten Kiesfläche zu sehen.

Oben links und Mitte Die Statuen laden ein, die symbolischen Gesten der Hände, die Mudras, näher zu betrachten. Die rechte Hand der Tara zeigt nach unten als Zeichen der Wunschgewährung, die linke Hand nach oben als Geste der Schutzgewährung.

Rechts oben und unten Der elfköpfige und tausendarmige Avalokiteshvara, Buddha der Barmherzigkeit, hält ein Juwel als Symbol für die Weisheit und in einer seiner Hände eine Lotosblüte.

Rechte Seite oben Diese Details gehören zu einem aus Holz geschnitzten Buddha, der in der Gewebten Bogenbrücke im östlichen Teil des Steppengartens sitzt. Sein linker Fuß ruht auf dem Blütenstand einer Lotospflanze.

Rechte Seite unten Der weiße Buddha im Shangri-La zeigt die Geste der Erdanrufung, das Bhumisparsa-Mudra. Dabei berühren die Fingerspitzen der rechten Hand Mutter Erde, während die linke Handinnenfläche im Schoß ruhend nach oben weist.

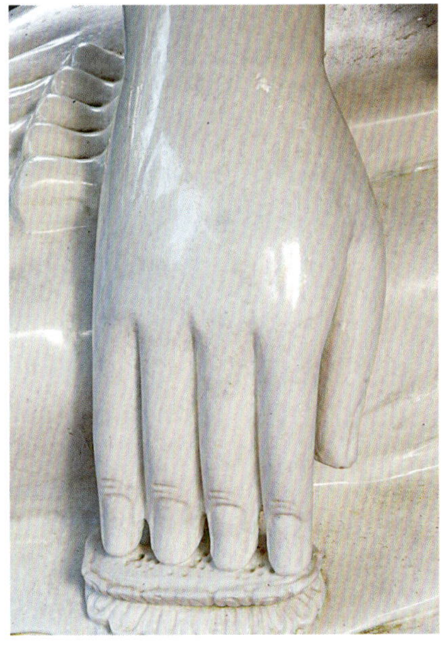

Rund um den Japan-Garten

Oben Den Kopf auf die rechte Hand gestützt, symbolisiert diese liegende Haltung den letzten Lebensabschnitt Buddhas vor dem Eintritt in das Nirwana. Im Frühsommer liegt er in Margeriten *(Leucanthemum vulgare)* gebettet.

Rechte Seite Im schattigen Teil des Gartens steht diese in Tibet gefertigte Dame aus weißem Marmor über Funkien *(Hosta*-Hybride 'Patriot'), Margeriten, Fingerhut und Falscher Alraunenwurzel *(Tellima grandiflora)*.

Seite 42/43 Das Herz des unteren Gartenteils schlägt japanisch: Mit großer, akkurat gerechter Kiesfläche, in Form geschnittener Mädchen-Kiefer *(Pinus pentaphylla)*, Fächerahorn *(Acer palmatum)* und Steinpagode.

Kehrt man aus dem Shangri-La auf die große Rasenfläche zurück, zieht der japanisch inspirierte Teil des Gartens die Blicke unweigerlich auf sich. Die helle Kiesfläche ist sanft modelliert und sorgfältig gerecht. Jedes noch so kleine Blatt, das dort gelandet war, wurde entfernt, bevor die ersten Besucher eintreffen. Gehölze und Felsen liegen wie ruhende Inseln in einem See aus Steinchen. Gesäumt wird das Ufer des vermeintlichen Gewässers von einem duftenden Teppich aus Thymian; auch dies ein Ort, der Ruhe ausstrahlt und zu einer Pause einlädt.

Angesichts der meditativen Anmutung dieses Bilds könnte man sich in einem Zen-Garten wähnen. Aber während ein Zen-Garten ausschließlich aus Steinen, Kies und manchmal etwas Moos besteht, wächst im Japan-Garten von Wiesent auch eine Mädchen-Kiefer, die mit der Gartenschere in Form gehalten wird und einem Bonsai ähnelt. Doch ihre Wurzeln dürfen frei im Boden wachsen und werden anders als bei den in Pflanzschalen wachsenden Bonsai nicht beschnitten. Dadurch kann die Mädchen-Kiefer deutlich größer werden als einen Meter. Ein magisches Maß, dass ein echter Bonsai in der Regel nicht überschreitet. Der purpurfarbene Fächer-Ahorn, der die Kiesfläche ebenfalls schmückt, braucht keinerlei Formschnitt. Dass es ihm inmitten der großen Kiesfläche so gut geht, wundert Olaf Grabner. „Erstaunlich, dass er

hier wächst. Eigentlich braucht er ein eher frisches, feuchtes Klima, und über dem Kies wird es im Sommer ja unglaublich heiß." Die Besucher freuen sich über das Fotomotiv, das sich aus dem Kontrast der hellen Kiesfläche mit dem dunklen, purpurfarbenem Laub ergibt. Nachpflanzen sollten sie dieses Bild besser nicht, denn nach Ansicht des Fachmanns würde die pralle Sonne kombiniert mit dem Kies dem Fächer-Ahorn normalerweise nicht gut bekommen.

Oben Trittsteine führen über den Teich mit den Koi-Karpfen. Wer diesen Weg wählt, kann die „schwimmenden Juwelen" aus Japan gut beobachten.

Rechte Seite Am Rand des Japan-Gartens rollt Thymian *(Thymus serpyllum* 'Magic Carpet') einen duftenden und blühenden Teppich aus. Folgt man dem Kiesweg, gelangt man zum Hang mit der Himalaya-Pflanzen-Sammlung. Der große Kalkstein, der auf diesem Foto zu sehen ist, stammt aus Nepal und sieht jedes Jahr ein wenig anders aus, weil der Frost kleine Teile wegsprengt. Der im Text erwähnte Stein, der einigen Besuchern Kraft und Energie vermittelt, ist ein anderer und liegt auf der entgegengesetzten Seite der Kiesfläche neben der Pagode.

Entdecken, was gut tut

Der japanische Garten erstaunt auch anderweitig: Neben der Pagode liegt ein Stein am Wegrand. Manchen Menschen scheint der auf den ersten Blick unauffällige graue Findling gut zu tun, erzählt Heribert Wirth: „Das ist ein Granit aus dem Himalaya, eigentlich unscheinbar, aber viele Menschen berühren ihn oder setzen sich darauf. Einige haben mir auch schon erzählt, dass sie an diesem Stein Kraft spüren." Er macht eine kurze Pause und fügt hinzu: „Ich habe das dann natürlich ausprobiert und nichts gemerkt, aber das macht ja auch nichts. Ich freue mich darüber, wenn einige Besucher dort Energie tanken können." Außerdem möchte er seinen Gartengästen gar nicht vorschreiben, wie sie den Park wahrnehmen sollen. Jeder sieht und spürt etwas anderes, und genau so soll es sein. Zu einem Garten der Toleranz gehört auch, dass manche Besucher an einigen Stellen innehalten, während andere daran vorübergehen.

Ein Ort, der nahezu alle magisch anzieht, ist der kleine Teich, der an die Westseite des unteren Garteilteils grenzt. Auf eng gesetzten Trittsteinen können die Besucher hier förmlich über das Wasser gehen und die großen Koi-Karpfen beobachten. Das Füttern der zutraulichen „Juwelen" aus Japan ist für Heribert Wirth im Laufe der Jahre zu einem lieb gewonnenen Ritual geworden, obwohl er ursprünglich gar nicht daran gedacht hatte, diese in der japanischen Gartenkultur so bedeutenden Fische anzuschaffen. Dass Koi-Karpfen hier ihre Runden drehen, ist eigentlich eher Zufall. Wirth bekam vor einigen Jahren

Kois zum Kauf angeboten und lehnte ab. Die weitere Entwicklung und der Erhalt des Parks hatten für ihn – im Gegensatz zur Anschaffung von Fischen – Priorität. Doch der Besitzer der Karpfen war nach einem Besuch im Park derart angetan von der Anlage, dass er Wirth kurzerhand drei seiner Karpfen schenkte. Mittlerweile ist die Anzahl der Fische ebenso wie die Freude an den Tieren gewachsen. Heribert Wirth hat jedem seiner Kois einen Namen gegeben und zum Erstaunen der Besucher kommen sie angeschwommen, wenn er nach ihnen ruft.

Hin und wieder kommt es vor, dass Besucher sich so sehr auf die Fische konzentrieren, dass sie in den Teich fallen. Zwei bis drei Gartengäste pro Saison statten den Karpfen auf diese Weise einen unfreiwilligen Besuch ab und stellen nach dem ersten Schreck

erleichtert fest, dass dieser Teich nicht tief ist. Doch die allermeisten gehen Schritt für Schritt mit der gebotenen Achtsamkeit über die Trittsteine und erreichen das andere Ufer trockenen Fußes.

Auch wer keinen Blick auf die Fische wirft und diesen Gartenteil ausschließlich auf dem Kiesweg erkundet, entdeckt Kostbarkeiten. Allen voran die über 50 verschiedenen chinesischen Pfingstrosen-Sorten, die hier ab dem späten Frühling blühen. Begleiter wie das Patagonische Eisenkraut *(Verbena bonariensis)*, Chinaschilf *(Miscanthus)* und Oktober-Sonnenhut *(Rudbeckia triloba)* sorgen auch gegen Ende der Saison für Attraktivität. Gleiches gilt für die Herbstfärbung des noch jungen Fenchelholzbaums *(Sassafras albidum)*, der mit jedem Jahr größer wird und den steten Wandel im Garten versinnbildlicht.

Oben links Die steinerne Statue zeigt den Sonnenadler Garuda, das mythische Mischwesen aus Mensch und Adler. Er trägt den hinduistischen Gott Vishnu.

Oben rechts Woll-Ziest *(Stachys byzantina)* gedeiht in den sonnigen Teilen dieses Gartenbereichs. Sein helles silbergraues Laub bildet einen schönen Kontrast zum dunklen Granit.

Linke Seite oben Die Pfingst-Nelke *(Dianthus gratianopolitanus)* bettet die Figur des liegenden Buddhas in ein Meer aus rosafarbenen Blüten.

Linke Seite unten Im späten Frühling entfaltet dieses Trio aus Margeriten *(Leucanthenum vulgare)*, Hoher Bart-Iris *(Iris barbata-elatior* 'Louvois') und Rapunzel-Glockenblume *(Campanula rapunculus)* seine volle Schönheit.

Den Waldgarten entdecken

Oben Am Übergang vom Waldgarten zum Steppengarten hält ein Bachlauf die bhutanesische Wassergebetsmühle in Bewegung. Im Hintergrund ist die Hängebrücke zu sehen.

Rechte Seite Der Hirschzungenfarn *(Asplenium scolopendrium)* gedeiht selbst im tiefen Schatten.

Die Vielfalt des Parks ist nicht nur anhand zahlloser unterschiedlicher Pflanzenarten erkennbar, sondern auch spürbar: Jeder Bereich hat einen anderen Charakter. Südlich des Pavillons, im Waldgarten, wirkt der Park naturnah und geheimnisvoll. Im vielfältig strukturierten Mischwald herrscht auch im Sommer eine erfrischende Kühle, die durch das plätschernde Geräusch des Bachlaufs versinnbildlicht wird. Hier entspricht der Park ganz dem Idealbild eines verwunschenen Waldes, obwohl oder gerade weil er von Menschen erdacht und verwirklicht wurde.

Die bhutanesische Gebetsmühle ist das wohl auffälligste Zeugnis für das menschliche Wirken im Waldgarten. Sie wurde in dem südasiatischen Königreich von Hand gefertigt und kam in alle Einzelteile zerlegt in Wiesent an. Mit dem authentischen Wiederaufbau dieses kunstvoll gearbeiteten Bauwerks betraute Heribert Wirth einen Bhutanesen. Mittlerweile drehen sich die Walzen der Gebetsmühle unermüdlich von Wasser angetrieben. Ein gutes Omen, denn im Inneren der Walzen befinden sich Pergamentrollen mit Gebeten. Das Drehen an einer Gebetsmühle soll nach buddhistischem Glauben die Erfüllung dieser Wünsche unterstützen und für gutes Karma sorgen. Gebete und gute Gedanken liegen an dieser Stelle ohnehin in der Luft: Oberhalb der Gebetsmühle wehen wie am Pavillon Gebetsfahnen

im Wind – jede von ihnen beschriftet mit Gebeten und Segenswünschen. Sie sind um die Stämme der umliegenden Bäume gebunden und ziehen sich bis hinunter zu einer weiteren Attraktion: die Hängebrücke, die über den kleinen Bachlauf zum Steppengarten führt. Jeder Schritt über diese Brücke lässt sie sanft schwingen. Ein faszinierendes Erlebnis, das dazu animiert, den Bach mehrmals zu überqueren.

Achtsamkeit als Wegweiser

„Das ist kein Show-Garten, sondern ein Schau-Garten", so beschreibt Heribert Wirth seinen Park gerne. Wer genau hinsieht, wird Kleinigkeiten entdecken und den Park intensiver erleben. Das können eine kleine Keramik-Eule sein, die in einer großen Baumwurzel sitzt, oder Pflanzen, die vom Betrachter ein genaues Hinschauen verlangen. Für den Waldgarten gilt dies besonders, denn viele der Gewächse, die hier Wurzeln geschlagen haben, sind Blattschmuckpflanzen. Sie fallen nicht durch spektakuläre Blüten ins Auge. Ihre unaufdringliche Schönheit ist dafür umso dauerhafter, denn das Laub tragen sie in der Regel viele Monate lang. Zum festen Ensemble im Spielplan der Stauden gehören daher die Alpenveilchen. Ihre Blüten sind zwar ebenfalls attraktiv, doch nach dem Flor bedecken ihre unterschiedlich gezeichneten Blätter den Waldboden. In Wiesent gedeihen verschiedene Arten: bekanntere, wie das Frühlings-Alpenveilchen *(Cyclamen coum)* ebenso wie das seltene Alpenveilchen *Cyclamen mirabile*, das mit

Ganz oben Dank der Bohlen aus Mooreiche und des geflochtenen Geländers aus Haselruten fügt sich diese Brücke ganz natürlich in den Waldgarten ein.

Oben Der Gelbe Frauenschuh *(Cypripedium calceolus)* gehört zu den in Mitteleuropa heimischen Schätzen, die im Waldgarten gedeihen. Ihre Blüte im Mai und Juni ist eine der Attraktionen des Parks.

Rechte Seite oben Die Blüten des Wald-Phlox *(Phlox divaricata* 'Clouds of Perfume') sind auf die frischgrünen Blätter des Samtigen Purpurglöckchens *(Heuchera villosa* var. *macrorrhiza)* gebettet. Links zeigt das Virginische Wasserblatt *(Hydrophyllum virginianum)* seine Blätter.

Rechte Seite unten Wie ein Kunstwerk wirkt diese aus der Donauschleuse Geisling geborgene Baumwurzel.

rosafarbenen Blättern überrascht. Gut geht es allen – Alpenveilchen kommen mit diesem eher trockenen Standort gut zurecht und breiten sich gerne hier aus. Genau darauf kommt es im Waldgarten an, erzählt Olaf Grabner. „Es interessiert uns, welche Pflanzen sich im Laufe der Zeit von selbst vermehren. Normalerweise würde unter den Bäumen ja kaum etwas wachsen. Wir möchten das hier mit wenigen ausgepflanzten Exemplaren ändern und einen attraktiven Wald gestalten." Somit ist dieser Gartenteil auch ein Experimentierfeld, in dem ausgewählte Pflanzen ihre Schönheit unter Beweis stellen können.

Ganz natürlich, aber mit System

Auch wenn die Pflanzen sich hier weitgehend selbst vermehren und der Wald natürlich wirken soll, sind die Pflanzungen subtil geordnet: Betritt man den Wald vom Nepal-Himalaya-Pavillon kommend, prägen mitteleuropäische Pflanzen wie die Haselwurz *(Asarum)* gefolgt von japanischen Arten das Bild. Im hinteren Teil gedeihen in Nordamerika heimische Waldstauden. Zu Letzteren gehört der Wald-Phlox, der die Besucher des Gartens im Frühsommer mit duftenden Blüten überrascht. Ein Phlox unter Bäumen? Aber ja! *Phlox divaricata* heißt nicht umsonst Wald-Phlox und ist im Schatten zu Hause. Er ist weniger bekannt, aber keineswegs weniger empfehlenswert als sein prominenter Verwandter *Phlox paniculata*, der in voller Sonne gedeiht.

Im japanischen Teil des Waldgartens wächst eine hierzulande noch seltene Kornelkirsche: *Cornus officinalis* blüht rund zwei Wochen früher als die in Mitteleuropa bekannte *Cornus mas* und schmückt sich im Alter mit einer schön strukturierten Borke. „Das sind kleine Unterschiede, aber eben feine", findet Olaf Grabner. Nicht umsonst gehören Pflanzenliebhaber zu den Stammgästen in Wiesent. Auch Vertreter diverser Botanischer Gärten im In- und Ausland kamen schon in die Oberpfalz und entdeckten hier die Schätze des Schau-Gartens.

Oben Die Hände des steinernen Maitreya-Buddhas – hier mit der Blüte einer Hohen Bart-Iris *(Iris barbata-elatior)* fotografiert.

Linke Seite Am Hang unterhalb der Gebetsmühle sitzt ein Maitreya-Buddha, ein Buddha der Zukunft. Dem Glauben nach soll er erst in einigen Jahrtausenden auf die Erde kommen. Rechts blüht das Ruprechtskraut *(Geranium robertianum)*, links hat die eng verwandte Storchschnabel-Hybride *Geranium × cantabrigiense* ihre Blüten geöffnet.

Himalaya am Hang

Oben Ende Mai öffnet das Himalaya-Windröschen *(Anemone tetrasepala)* seine weißen Blüten. Anders als beim bekannten Buschwindröschen *(Anemone nemorosa)* sitzen sie in Büscheln auf dem Stängel.

Rechte Seite Die drei Bronze-Glocken entdeckte Heribert Wirth in Myanmar. Den Auftrag, für diese Schätze ein Gerüst zu bauen, vertraute er Andreas Lindner an. Der Oberpfälzer hat sein Handwerk zur Kunst erhoben und an vielen Stellen des Parks Spuren hinterlassen. Für die Glocken baute er einen Turm aus den Bohlen alter Mooreichen und setzte sie damit würdig in Szene.

Um den Charakter der nepalesischen Landschaft so authentisch wie möglich nachzuempfinden, wurden sehr viele, ursprünglich im Himalaya heimische Arten in Wiesent angepflanzt. Der intensive Austausch mit Pflanzensammlern aus aller Welt ließ eine international bedeutende Sammlung an Arten aus dem Himalaya entstehen. Besonders viele von ihnen wachsen auf der Fläche, die sich zwischen dem großen Teich und dem Koi-Teich hangaufwärts zum Nepal-Himalaya-Pavillon erstreckt.

Allein in diesem Teil des Gartens wachsen mittlerweile über 1000 verschiedene Arten aus dem Himalaya. Viele davon wurden in der Gärtnerei des Parks aus Saatgut herangezogen. Einige der Wildarten und Raritäten sind eng mit bekannten Gartenpflanzen verwandt. So wie eine sehr seltene, kletternde Art des Tränenden Herzens *(Dactylicapnos torulosa)*, das gelb mit rot überhauchten Spitzen blüht und rund zwei Meter hoch wachsen kann. Dass Schätze wie dieser hier gedeihen, ist auch deshalb ungewöhnlich, weil die Bedingungen in Mitteleuropa für einige Pflanzen aus dem Himalaya eher schwierig sind. Viele Arten, allen voran die in einem faszinierend klaren Blau blühenden Arten des Scheinmohns *(Meconopsis)*, brauchen eine hohe Luftfeuchtigkeit. In eher sommerfeuchten Regionen wie Schottland wäre es deshalb viel einfacher, diese Pflanzen zu etablie-

Oben von links nach rechts Scheinmohn gehört zu den begehrtesten Pflanzenraritäten. Neben faszinierend blauen Arten wie dem Himalaya-Scheinmohn *(Meconopsis baileyi)* und dem Stacheligen Scheinmohn *(Meconopsis horridula)* gedeihen in Wiesent auch rötliche Exemplare wie *Meconopsis × cookei* 'Old Rose', hier mit den Blättern der Japan-Schein-Anemone *(Anemonopsis macrophylla)*.

Rechts Gloxinien kennt man als Zimmerpflanzen. In Wiesent wächst die seltenere, winterharte Himalaya-Freilandgloxinie *(Incarvillea mairei)*. Sie entfaltet ihre Blüten im Mai und Juni.

Rechte Seite oben von links nach rechts Tibet-Frauenschuh *(Cypripedium tibeticum)*, Delavayi-Strauchpfingstrose *(Paeonia delavayi)* und Maiapfel *(Podophyllum cultorum* 'Spotty Dotty').

Rechte Seite unten von links nach rechts Nahaufnahme einer Einbeere *(Paris quadrifolia)*, Dach-Schwertlilie *(Iris tectorum* 'Wolong') und die skurrile, in ihrer Form an eine Schultüte erinnernde Blüte der Kobralilie *(Arisaema speciosum* 'Magnificum').

ren. Doch die Oberpfalz bietet nicht jene gleichmäßig verteilten Niederschläge, wie sie in Schottland oder in Teilen Nepals üblich sind – zum Glück für die Gartenbesucher, die den Park naturgemäß am liebsten bei Sonnenschein besuchen. Damit sich dennoch ein Teil der faszinierenden Pflanzenwelt vom Fuße des Himalayas in Wiesent etabliert, wurden Wasserläufe durch das Gelände gelegt. Sie kühlen und befeuchten die Luft im Sommer. Das sprudelnde Wasser tut Pflanzen und Menschen gleichermaßen gut und sorgt für ein wohltuendes Plätschern.

Zu den botanischen Schätzen des Parks gehört auch Nepals Nationalpflanze, der Rhododendron. Er öffnet seine Blüten pünktlich zum Start in die Saison im Mai. Besonders seltene Arten und Sorten wachsen rund um die Skulptur der Schlangengöttin am oberen Ende des Himalaya-Hangs. Hier wurden Sorten und Auslesen aus der Sammlung von Hanns Meltzer gepflanzt. Der Züchter ist für seine an das raue Klima angepassten Rhododendren-Raritäten bekannt und hat die Pflanzen gestiftet. Seine verwurzelten Geschenke holen ein Stück Nepal nach Wiesent.

Oben Die Riesenherzblattlilie *(Cardiocrinum giganteum)* gehört zu den botanischen Attraktionen des Gartens und trägt ihre Blüten auf rund drei Meter hohen Stielen. Sie stammt aus dem östlichen Himalaya und wird hier von Kapish Kumar Shrestha, einem der Parkmitarbeiter aus Nepal, wertschätzend begutachtet.

Unten Nach der Blüte stirbt die Riesenherzblattlilie ab, doch über ihre Samen sorgt sie selbst für Nachwuchs. Bis ihre Sämlinge blühen, vergehen allerdings rund sieben Jahre. Pflanzt man ihre kleinen Tochterzwiebeln, zeigen sich schon nach zwei bis drei Jahren Blüten.

Rechte Seite oben Unterhalb der drei Glocken aus Myanmar blüht im Frühsommer eine Abelie *(Abelia triflora)*, im Vordergrund begleitet von Fingerhut *(Digitalis)*.

Rechte Seite unten Im Juni sind die Triebe der Riesenherzblattlilie nicht mehr zu übersehen, dahinter glänzt die dunkle Rinde der Tibet-Kirsche *(Prunus serrula)*.

Freude im Chinagarten

Oben Wer die beiden imposanten Steinlöwen von der Seite aus betrachtet, kann gut erkennen, dass jeder von ihnen eine lose Kugel im Maul trägt.

Rechte Seite Wächterlöwen symbolisieren in China Macht und Würde. Paarweise aufgestellt, bewachen sie traditionell den Eingang von Häusern, Palästen und wichtigen Gebäuden. Hier im Bild ist der männliche Löwe, erkennbar an dem Ball unterhalb seiner rechten Tatze, zu sehen. Gemeinsam mit der Löwin zu seiner Linken markiert er den Eingang zum Chinagarten.

Einem Löwen in das Maul fassen? Keine gute Idee! Es sei denn, es handelt sich um steinerne Wächterlöwen, wie sie am Eingang zum Chinagarten stehen. Beide tragen eine lose Kugel in ihrem Maul. Viele Besucher haben den Raubtieren schon in den Rachen gefasst, um sie herauszurollen. Doch egal, wohin die Finger wandern und wie sehr man sich bemüht: Es ist nichts zu machen. Jede Kugel ist offensichtlich um eine Haaresbreite zu groß und verbleibt im Maul. Doch wie ist sie dann hineingekommen?

Die Antwort liegt wieder in der Handwerkskunst, diesmal in der chinesischen. Damit die Kugel im Maul verbleibt, wird sie auch direkt darin gemeißelt. Die Löwen wurden aus einem massiven Granitblock gefertigt. Dabei ist das Herausarbeiten der Kugel eine Meisterleistung, denn es gilt ihre Größe möglichst exakt an die Öffnung des Mauls anzunähern. Ein Schlag zu viel lässt die Kugel zu klein geraten und der Steinmetz muss sein Werk von vorn beginnen. Bei den Wächterlöwen von Wiesent sind beide Kugeln so präzise gearbeitet, dass sie den Besuchern gleichermaßen Kopfzerbrechen wie Vergnügen bereiten. Insofern passen sie gut zum Chinagarten, der auch „Garten der Freude“ heißt. So haben es die chinesischen Handwerker in den Schriftzeichen ihrer Heimat schwarz auf rot auf die Mauer des Ehrentors geschrieben. Seine Entstehung hat dieser Teil des

Parks übrigens ebenfalls einer Weltausstellung zu verdanken: Nach einer Reise zur Expo nach Shanghai war Heribert Wirth von der chinesischen Gartenkultur derart angetan, dass er beschloss, seinen damals sieben Jahre jungen Park um einen chinesisch gestalteten Teil zu erweitern.

Ein Garten der Ideale und des Friedens

Das Streben nach absoluter Harmonie ist ein zentraler Gedanke traditioneller chinesischer Gartenkunst und der Schlüssel dafür, dass der Mensch in diesen Anlagen Ruhe empfindet. Architektonische Elemente haben dabei einen hohen Stellenwert. Durch das Miteinander von Kultur und Natur entstehen ideale Landschaften, die Gemälden gleichen.

Ein solches idealisiertes Bild wurde in Wiesent gemalt – von Chinesen. Die Handwerker arbeiteten rund ein Jahr im Park, bauten unter anderem den Teepavillon und das Ehrentor und achteten darauf, dass chinesische Gestaltungsprinzipien eingehalten wurden, auch wenn sie auf Mitteleuropäer zuweilen befremdlich wirken: Der Weg zur steinernen Brücke verläuft beispielsweise schräg, damit böse Geister, die in der chinesischen Mythologie stets geradeaus gehen, die Brücke nicht überqueren können.

Als dieser Gartenteil im Jahr 2012 eröffnet wurde, läuteten die in China nach historischen Vorbildern gegossenen Glocken am Ehrentor zum ersten Mal. Die größte von ihnen, die Friedensglocke, hängt herausgehoben auf dem Platz und trägt mit ihrem Klang das wichtigste Anliegen des Gartens in die Welt: den Wunsch nach Frieden und Toleranz.

Ganz oben Jede der Säulen aus Nordwestchina ist individuell gestaltet und lohnt einen genaueren Blick. Links rankt eine Jungfernrebe *(Parthenocissus quinquefolia)* empor.

Oben Über die chinesische Steinbrücke gelangt man auf einem leicht schräg geführten Weg mit wenigen Schritten vom Waldgarten zum Teepavillon.

Rechte Seite oben Oberhalb eines kleinen Teichs lädt der Teepavillon zum ruhigen Betrachten des Chinagartens ein.

Rechte Seite unten Die steinernen Säulen waren einst ein Statussymbol: Wohlhabende Chinesen banden an den wertvollen Stücken ihre Pferde fest. Als stumme Zeugen eines vergangenen Zeitalters wirken sie heute geheimnisvoll.

勝境

Oben von links nach rechts Die Replik aus der Qing-Dynastie (1644–1912), daneben ein Nachguss aus der Tang-Dynastie (618–907) und der einer der ältesten chinesischen Glocken. Das Original wurde vermutlich im siebten Jahrhundert gegossen.

Links von oben nach unten Heribert Wirths Lebensmotto und die für alle Menschen zentralen Wünsche nach Einheit, Frieden, Freiheit und Toleranz sind in der großen Friedensglocke verewigt. Ihr Vorbild wurde aus Anlass der Olympischen Spiele in Peking 2008 gegossen, daher wird sie auch Olympiaglocke genannt.

Rechte Seite oben von links nach rechts Das Taubenmotiv verrät, dass auch diese zeitgenössische Glocke dem Wunsch nach Frieden gewidmet ist. Nachbildung der Glocke von Qingongbo, der ältesten Palastglocke. Glockenreplik aus der Ming-Dynastie (1368–1644).

Rechte Seite unten Sobald der außen angebrachte Klöppel auf die große Friedensglocke trifft, ertönt ihr tiefer, warmer Ton. Wer ihren Klang förmlich spüren möchte, sollte sich in das Innere der Glocke stellen, eine zweite Person bitten, den Klöppel zu schlagen und ruhig verharren, bis der Ton vollständig verklungen ist.

Seite 64/65 Das Ehrentor aus Südchina gehört zu den Attraktionen des Gartens. In den runden Aussparungen der angrenzenden Mauern hängen die sechs in Dalian neu gegossenen chinesischen Glocken. Die Originale befinden sich im Glockenmuseum von Peking. Ihrer Bedeutung entsprechend wird die große Friedensglocke durch einen eigenen Glockenturm auf dem Platz betont.

Heilsames im Kräutergarten

Oben Zierpflanzen wie die mittelhohe Bart-Iris *(Iris barbata-media)* wachsen Seite an Seite mit Heilkräutern wie der weiß blühenden Bärwurz *(Meum athamanticum)*.

Rechte Seite oben und unten: Gelber Färberwaid *(Isatis tinctoria)* am Rande des Gartens. Echte Engelwurz *(Angelica archangelica)* bildet im Sommer imposante Doldenblüten.

Zwischen China- und Steppengarten wachsen Seltenheiten, die teilweise seit Jahrhunderten für ihre Heilwirkungen bekannt sind oder dem Menschen als Tee- und Aromapflanzen dienen. Dabei geht das Artenspektrum auch im Kräutergarten weit über die bewährten Klassiker wie Pfefferminze oder Kamille hinaus: Hier gedeihen alte indianische Heilpflanzen wie die Frauenwurz *(Caulophyllum thalictroides)*; sie soll die Geburt erleichtern. Auch alpine Pflanzen wie die Meisterwurz *(Peucedanum ostruthium)*, aus der Schnaps gebrannt wird, wachsen hier bestens. Und die auf den ersten Blick bekannt wirkende Goldrute wurde hier in einer nach Anis duftenden Art *(Solidago odora)* gepflanzt. Ihre Blättchen lassen sich zum Würzen oder als Tee verwenden.

Selbst wer zu Hause einen gut sortierten Kräutergarten pflegt, kann sich also auf eine Entdeckungsreise zu weitgehend unbekannten Raritäten freuen. Hier lohnt sich das Mitführen eines Notizbuchs, denn im Kräutergarten steckt neben jeder Pflanze ein Schild mit ihrem botanischen Namen. Und weil die meisten Kräuter nicht nur nützlich, sondern auch schön sind und je nach Jahreszeit in Blüte stehen, empfiehlt es sich, den Garten in aller Ruhe auf sich wirken zu lassen. Oberhalb der Kräuterbeete steht dafür eine der von Heribert Wirth entworfenen Ruhebänke aus massivem Granit.

Brücken verbinden die Steppe

Oben Im Frühsommer trägt der Steppengarten ein buntes Blütenkleid: knallroter Klatschmohn *(Papaver rhoeas)* mit Steppen-Salbei *(Salvia nemorosa* 'Caradonna'*)* in Lila und gelben Steppenkerzen *(Eremurus × isabellinus)*.

Rechte Seite Wie ein purpurfarbener Fluss ziehen sich die zahllosen Blüten der Pfingst-Nelke *(Dianthus gratianopolitanus* 'Badenia') den sonnigen Hang hinab. Im Vordergrund blühen Lichtnelken *(Silene dioica)* über einem Teppich aus hellblauem Echtem Ehrenpreis *(Veronica officinalis)*.

Ob man den jüngsten Teil des Parks vom Chinagarten oder vom Waldgarten aus betritt: Wieder eröffnet sich dem Betrachter eine völlig andere Welt. Der Steppengarten strahlt eine ganz eigene Atmosphäre aus und vermittelt großzügige Weite. Auf über drei Hektar erstreckt sich der vollsonnige Hang bis zur südlichen Grenze des Parks. Hier lässt sich ein botanisches Experiment beobachten, das bei aller Wissenschaft vor allem wunderschön ist: Im Steppengarten wurden Stauden und Gehölze gepflanzt, die mit Trockenheit gut zurechtkommen und zugleich einen hohen Zierwert haben.

Die Pflanzen sind hier selbstverständlich wichtig und es versteht sich fast von selbst, dass sie sorgsam gewählt und zumeist nicht zum Standardsortiment eines Gartencenters gehören. Wirklich einzigartig wirkt dieser Teil des Gartens aber vor allem deshalb, weil Heribert Wirth hier wieder über den botanischen Tellerrand hinaus gesehen und auch den Steppengarten als einen Ort des Friedens und der Toleranz gestaltet hat. Hier versinnbildlichen Brücken die Botschaft eines friedlichen Miteinanders. Jede von ihnen ist ein mit hoher Handwerkskunst gefertigtes Unikat, das Gräben im wörtlichen wie auch im übertragenen Sinne überwinden hilft. Diese Idee trägt der Steppengarten bereits in seinem Namen – er heißt „Brücken verbinden".

Oben Ab dem späten Frühling öffnen Großblütige Katzenminze *(Nepeta grandiflora* 'Veluw's Blauwtje') und Purpur-Königskerze *(Verbascum phoenicum)* ihre Blüten.

Rechte Seite oben Im Mai scheinen die Kugeln des Paukenschläger-Lauchs *(Allium stipitatum)* über den Lanzen des Russischen Natternkopfs *(Echium russicum)* zu schweben. Die Hohe Fetthenne *(Sedum × telephium)* hat noch keine Knospen, wird aber in wenigen Wochen das Bild prägen.

Rechte Seite unten Blauschwingel *(Festuca cinerea* 'Blaufuchs') prägt die Anlage mit silberblauen Halmen und passt gut zu den Blüten der Purpur-Königskerze, Katzenminze und Steppen-Salbei *(Salvia nemorosa* 'Caradonna').

Die Idee, eine vollsonnige Fläche mit einem eher durchlässigen Boden als Steppengarten zu gestalten, entspricht der Philosophie des standortgerechten Gärtnerns. Wer hier Phlox und Rittersporn pflanzen möchte, müsste für diese anspruchsvollen Gewächse nicht nur große Teile des Bodens austauschen, sondern je nach Jahreszeit täglich gießen. In einem Park dieser Größe wäre das mit einem erheblichen Aufwand an Technik und Arbeit verbunden. Keine gute Option, zumal die zum Standort passenden Pflanzen das Gärtnern nicht nur erleichtern, sondern durchaus gut aussehen. Hungerkünstler gedeihen im Steppengarten naturgemäß besser als mühsam gepäppelte Prachtstauden, die auf nährstoffreiche und tiefgründige Böden angewiesen sind.

Wenig Wasser zu verbrauchen und Pflanzen klug zu wählen, daran ist natürlich jedem Gartenbesitzer gelegen. Daher ist der Steppengarten für jene Besucher, die auch zu Hause auf durchlässigen und vollsonnigen Standorten gärtnern, besonders interessant. Hier lassen sich Pflanzen entdecken, die mit diesen Bedingungen gut zurechtkommen.

So schön kann Steppe sein

Mag sein, dass der Gedanke an einen Steppengarten eher trostlos als traumhaft klingt. Karg und staubig, hin und wieder Grasbüschel, die Hitze und Trockenheit trotzen; so stellt man sich eine Steppe vielleicht vor. Doch die Steppe von Wiesent präsentiert sich anders: Flüsse aus blühenden Pfingst-Nelken und Hornkraut strömen hangabwärts, Steppen-Kerzen ragen wie Ausrufezeichen in warmen Orangetönen in den Himmel und der Steppen-Salbei wiegt sich Seite an Seite mit Perlgras im Wind.

Die Bilder, in denen die Besucher des Steppengartens schwelgen können, beweisen auf wunderbare Weise, dass viele der Pflanzen, die wenig Nährstoffe und Wasser brauchen, sehr attraktiv sind. Die Kunst des Gärtners liegt darin, die zum Standort passenden Pflanzen nicht nur zu kennen, sondern so zu kombinieren, dass ein stimmiges Gesamtkunstwerk

Oben von links nach rechts Für den Granat-Kugellauch *(Allium atropurpureum)* ist der durchlässige Boden im Steppengarten ideal. Die Haferwurzel *(Tragopogon porrifolius)* wird als Gemüse ähnlich genutzt wie Pastinaken, im Steppengarten beweist sie ihre Qualität als Zierpflanze. Die Blüten der Steppenkerzen *(Eremurus × isabellinus* 'Romance') öffnen sich von unten nach oben.

Rechte Seite oben links Diese Akelei *(Aquilegia vulgaris* var. *stellata* 'Black Barlow') blüht ungewöhnlich: schwarzrot und gefüllt.

Rechte Seite oben rechts Bulgarischer Honiglauch *(Nectaroscordum siculum* var. *bulgaricum)* zeigt elegante Blütenglocken.

Rechte Seite unten links Im Hintergrund der Steppenkerzen *(Eremurus × isabellinus* 'Helena') scheinen die Blüten des Klatschmohns *(Papaver rhoeas)* in der Luft zu schweben.

Rechte Seite unten rechts Russischer Natternkopf *(Echium russicum)*, im Hintergrund Paukenschläger-Lauch *(Allium stipitatum)*.

entsteht. Olaf Grabner nahm die Herausforderung, Pflanzenkombinationen für einen extrem trockenen Standort zu finden, gerne an, und die Artenvielfalt im Nepal-Himalaya-Park wurde durch die Sonnenkinder des Steppengartens zusätzlich erhöht.

Manche der gepflanzten Gattungen dürften Besuchern aus dem eigenen Garten bekannt sein: Diverse Vertreter des Zier-Lauchs gedeihen im Steppengarten beispielsweise bestens. Wenn man bedenkt, dass viele seiner Arten ursprünglich aus dem Gebiet des heutigen Irans und den Steppen Zentralasiens stammen, wundert es kaum, dass diesen der sommertrockene Standort samt durchlässigem Boden auf dem Südhang von Wiesent gut bekommt.

Die Größe der Fläche, die es auf dem trockenen Hang zu bepflanzen galt, war im Fall des Steppengartens eher ein Pluspunkt als ein Problem. Seinen weiten, offenen Charakter kann ein Steppengarten nur auf großen Flächen entfalten. Auch die Pflanzungen müssen hier schon aus der Ferne wirken. Das funktioniert umso besser, wenn von einer Pflanzenart möglichst viele Exemplare gesetzt werden. Dafür braucht man Platz, und den gibt es hier.

Gräben mit Brücken überwinden

Mit dem Steppengarten wird im Park nicht nur in botanischer Hinsicht ein spannendes Kapitel aufgeschlagen; er ist in vieler Hinsicht interessant. Schon das Gelände selbst ist ein Spiegelbild der Geschichte Wiesents: Die tiefen Gräben, die diesen Gartenteil in Nord-Süd-Richtung durchziehen, sorgen immer wieder für Gesprächsstoff, erzählt Heribert Wirth: „Ich werde oft gefragt, wie ich diese Gräben angelegt habe. Dabei waren sie schon da. Es sind alte Hohlwege aus einer Zeit, als die Bauern ihre Fuhrwerke hier den Hang hochgezogen haben.“ Durch die Gräben kam er auf die Idee, Brücken zu einem zentralen Gestaltungselement des Steppengartens zu machen, getreu dem Motto: Akzeptieren was ist, und das Beste daraus machen. Das ist gelungen. Wären die Gräben nicht schon da gewesen, hätte

Oben Vor dem gelben Spanischem Ginster *(Genista hispanica)* hat die Hohe Bart-Iris *(Iris barbata-elatior* 'Frühlingskleid') ihre zweifarbigen Blüten geöffnet.

Linke Seite oben Die Doppelbogenbrücke gehört zu den Werken, die Andreas Lindner für den Garten geschaffen hat. Hier wurde sie zur Blütezeit des Roten Fingerhuts *(Digitalis purpurea)* im Frühsommer fotografiert.

Linke Seite unten Hangabwärts fließt ein Meer aus zahllosen Blüten des Filzigen Hornkrauts *(Cerastium tomentosum)*. Der schnellwüchsige Bodendecker hat sich bereits nach kurzer Zeit im Steppengarten etabliert.

Oben Diese „gewebte" Bogenbrücke ist einmalig in Europa und wurde von Chinesen in der traditionellen Bauweise ihres Heimatlandes gefertigt. Ihre raffinierte Konstruktion in aufwändiger Handarbeit macht sie zu einer bewahrenswerten Kostbarkeit. Die UNESCO nahm diese Bautechnik in die Liste des immateriellen Kulturerbes auf.

Rechte Seite oben Eine japanische Brücke führt über den kleinen Teich im westlichen Teil des Steppengartens.

Rechte Seite unten In Sichtweite der roten Brücke leuchtet ein japanisches „Torii" (Tor) mit den Blüten des Klatschmohns *(Papaver rhoeas)* um die Wette.

Seite 80/81 Manchmal liegt in der Einfachheit hohe Kunst. Dieser Holzsteg fügt sich behutsam in den Garten ein und führt über den mit Oregano bepflanzten Graben.

man sie erfinden müssen, um derart bemerkenswerte Brücken darüber zu bauen: vom natürlich wirkenden Steg über die rostrote Brücke aus Cortenstahl bis hin zum Meisterstück der Anlage, der „gewebten" Bogenbrücke aus China. Sie lässt nicht nur ein Stück fernöstliche Architekturgeschichte in Mitteleuropa lebendig werden, sondern bewahrt sie zugleich vor dem Vergessen. Diese Brücke ist die Einzige ihrer Art außerhalb Chinas. Ihre Vorbilder stehen rund 8000 Kilometer entfernt in den südostchinesischen Provinzen Fujian und Zhejiang. Weit weg von Wiesent, und doch war das Wissen über den Wert dieser Brücken vergleichsweise nah: An der Fakultät für Architektur der Technischen Universität München schrieb Liu Yan, eine junge Chinesin, gerade an ihrer

Doktorarbeit über die Geschichte der Gewebebogenbrücken. Mit ihrer Hilfe gelang es, in der südostchinesischen Provinz Fujian einen der wenigen Meister zu finden, der die traditionelle Handwerkstechnik zum Brückenbau noch beherrscht. Zhang Changzhi reiste mit kundigen Helfern nach Wiesent, um die Gewebte Bogenbrücke vor Ort zu bauen. Damit sie ganz ihren Vorbildern in Fernost entsprechen würde, kam auch das Bauholz eigens per Schiff aus China, denn dort verwendet man traditionell das Holz der Spießtanne *(Cunninghamia lanceolata)*, einem zu den Zypressengewächsen gehörenden Baum. Bei so viel Sorgfalt versteht es sich fast von selbst, dass Wirth mit Liu Yan die wohl am besten für diese Aufgabe geeignete Architektin als Bauleiterin engagierte.

Oben Bauwerk trifft auf Botanik – diese Perspektive auf die gemauerte Doppelbogenbrücke zeigt beispielhaft, wie harmonisch architektonische Elemente und Pflanzen miteinander verbunden wurden. Im Vordergrund leuchten die Schmalblättrige Lupine *(Lupinus angustifolius)* in Blau und die rote *Lupinus polyphyllus* 'Edelknabe'.

Rechte Seite Heribert Wirth vor der aus Robinienholz gefertigten Brücke. Traditionelle Brücken in Alaska dienten als Vorbild für diese Konstruktion.

Manchmal liegt das Gute ganz nah

In Sichtweite des Schmuckstücks aus Fernost führt eine doppelbogige Steinbrücke über einen der Gräben. Für sie musste Heribert Wirth weder das Baumaterial noch die Handwerker aus der Ferne holen. Er vertraute den Bau dieser und weiterer Brücken Andreas Lindner aus Wald in der Oberpfalz an. Der mit vielen Begabungen gesegnete Kunstschmied hat im ganzen Park Spuren hinterlassen. Seine Arbeiten bestehen oft, aber nicht immer aus Metall. Mit Stein und Holz geht er ebenso virtuos um wie mit dem Eisen, das er schmiedet. Für Heribert Wirth ist er längst zu einem Freund und Verbündeten geworden, wenn es darum geht, gestalterische Qualität in seinen Park zu holen: „Wenn ich eine Idee habe, weiß ich sie bei ihm in guten Händen. Ich brauche ihm nicht einmal eine Skizze zu geben. Denn ich weiß, wenn *er* etwas baut, wird es schön. Für mich ist er ein Künstler.“ So war es auch bei der doppelbogigen Steinbrücke, die Lindner aus Würzburger Muschelkalk baute. An ihrer Innenseite sind die Steine leicht nach innen versetzt gemauert. Heribert Wirth hatte die Idee zu diesem gestalterischen Detail. Lindner griff sie auf und setzte sie mit Fingerspitzengefühl um. Nur wer mit Muße und offenen Augen über die

steinerne Brücke geht, wird dieses gestalterische Detail bemerken. Seine Arbeiten drängen sich dem Betrachter nicht auf, sondern fügen sich behutsam in das Gesamtbild ein. Das gilt auch für die Brücke aus Cortenstahl oder die Alaska-Brücke, die Lindner aus naturbelassenem Robinienholz gebaut hat. In ihrer Zeitlosigkeit sind sie über Moden, die es auch in der Gartengestaltung gibt, erhaben und werden den Park langfristig bereichern.

Brücken bleiben, die Botanik wandelt sich

Die Pflanzungen des Steppengartens sehen von Saison zu Saison und von Woche zu Woche ein wenig anders aus. Das klingt banal, doch im Steppengarten ist damit nicht nur der Lauf der Jahreszeiten gemeint: Dieser Teil wird sich entwickeln, und das ist für Gärtner und Besucher ein spannender Prozess. Typische „Pionierarten" wie Fingerhut oder Klatschmohn brauchen offene Böden, wie sie ein frisch angelegter Garten bietet. Sie werden deshalb im Laufe der Jahre, wenn die Vegetation die Erde zunehmend bedeckt, weniger werden. Ein natürlicher Prozess, den der Mensch behutsam lenkt. Das genaue Beobachten ist im Steppengarten daher ein wichtiger Teil der Arbeit. Einige Arten sollen sich selbst aussäen und auf diese Weise vermehren: Für den Gärtner heißt es, die winzigen Sämlinge der Steppenkerzen zu belassen, und das Mannstreu *(Eryngium)* dort, wo es die Beete zu dominieren droht, zu jäten.

Während die Beete ihr Aussehen allmählich verändern, vollzog sich ein anderer Wandel von einem Moment auf den anderen: Nachdem ein Sturm im Sommer 2016 viele Bäume entwurzelt hatte, war dies der Anlass, neue Gehölze wie den Gold-Trompetenbaum *(Catalpa bignonioides* 'Aurea') oder die in den USA heimische Schindel-Eiche *(Quercus imbricaria)* im unteren Teil des Steppengartens zu pflanzen. Die noch jungen Bäume sind nicht nur botanisch interessant, sondern spenden den Besuchern, die vom Fuß des Südhangs auf die Bepflanzungen blicken, mit jedem Jahr ein wenig mehr Schatten.

Oben In der Form ähneln sie sich, doch Verwechslungen sind ausgeschlossen: die Blüten des Steppen-Salbeis *(Salvia nemorosa* 'Caradonna') und des Siebenbürger Perlgrases *(Melica transsylvanica)*.

Linke Seite Dreimal Mohn vor der rostrot patinierten Brücke aus Cortenstahl: als feuerroter einjähriger Klatschmohn *(Papaver rhoeas)* sowie als Orientalischer Mohn in Weiß *(Papaver orientale* 'Perry's White') und Lachsrosa *(Papaver orientale* 'Victoria Louise').

Wie der Park Menschen verbindet

Mit Engagement und Freude

Oben Hanns Meltzer hat sich mit seinen Rhododendren-Züchtungen einen Namen gemacht und dem Park seine wertvollen Mutterpflanzen geschenkt.

Seite 86/87 Nach Sonnenuntergang zieht der beleuchtete Nepal-Himalaya-Pavillon die Blicke magisch an.

Die Zuwendung, die man einem Garten zuteil werden lässt, schenkt er zurück, indem er Freude macht. Diese Gärtnerweisheit gilt für diesen Park mit Sicherheit. Heribert Wirth wendet selbst viel Zeit und Energie für die Anlage auf und schafft es, Menschen für sein Projekt zu gewinnen, die wiederum Meister ihres Fachs sind. Mit ihrem Wirken prägen sie den Park, der nicht nur botanisch und architektonisch herausragt, sondern zu einem Ort des Friedens und der Toleranz geworden ist. Diese Botschaft begeistert Besucher und all jene, die am Park mitgearbeitet haben oder gegenwärtig dort arbeiten.

Angefangen von den nepalesischen Familien, die den Expo-Pavillon vor vielen Jahren schufen, den Kunsthandwerkern, die Skulpturen, Brücken und Pavillons entstehen ließen, über Olaf Grabner und die helfenden Hände im ganzen Park bis hin zu Pflanzensammlern und Züchtern wie Hanns Meltzer. Er stiftete nicht nur Rhododendren, sondern gibt sein Wissen auch auf Vorträgen und Führungen durch den Park weiter. Botanisch Interessierte fühlen sich in Wiesent ebenso gut aufgehoben, wie jene, die Ruhe und Entspannung suchen oder einfach die Schönheit der Anlage genießen möchten.

An einigen Tagen im Jahr wird der Nepal-Himalaya-Pavillon zu einem Kulturtempel, zur Bühne für hochkarätige Tanzdarbietungen und Konzerte. Auch

Rechts Das sorgfältige Ausknipsen der Kieferntriebspitzen gehört zu den aufwändigsten Pflegearbeiten im Park. In unzähligen Arbeitsstunden verwandeln helfende Hände, hier Walter Kottwitz und Kapish Kumar Shrestha, Wald-Kiefern in Baumskulpturen.

Unten Olaf Grabner, der Chefgärtner des Parks, gilt als Meister seines Fachs und versteht es, seine Schützlinge genau zu beobachten und zu lenken. Hier ist der „Pflanzenflüsterer" inmitten goldgelber Oregano-Kissen im Steppengarten zu sehen.

Stars der internationalen Klassik-Szene wie der weltbekannte lettische Violinist Gidon Kremer spielten in Wiesent. Wer den Pavillon zu seinem ganz persönlichen Ort der Begegnung machen möchte, kann ihn für eigene Feierlichkeiten mieten. Die Veranstaltungen im Pavillon sind keine Zweckentfremdung, sondern unterstützen die Idee eines von Frieden und Toleranz geprägten Parks. Die Hilfe für bedürftige Menschen ist Teil dieser Idee.

Seine wohl wichtigste Wirkung entfaltet der Park nämlich weit über seine Grenzen hinaus: Wer ihn besucht, tut sich selbst und anderen etwas Gutes: Die Erlöse aus den Veranstaltungen und Eintrittsgeldern fließen in die Stiftung „Wasser für die Welt", die Heribert Wirth bereits 1986 gegründet hat. Das Motiv damals wie heute: Menschen in der sogenannten Dritten Welt den Zugang zu sauberem Trinkwasser, Bildung und gesundheitlicher Versorgung zu ermöglichen. Auf diese Weise knüpft jeder Parkbesucher eine Mut machende Verbindung zu Menschen, denen die Stiftung Hoffnung und Hilfe schenkt.

Oben Die nepalesischen Mitarbeiter Kapish Kumar Shrestha, Mohan Prajapaty, Hari Bhakta Chakradhar und Til Bahadur Gurung vor dem Verkaufspavillon. Zwischen Mai und Oktober ist der Nepal-Himalaya-Park für sie Lebensmittelpunkt und Arbeitsplatz gleichermaßen.

Rechte Seite oben Voilà – die Gewebte Bogenbrücke aus China steht. Bauleiterin Liu Yan kann stolz darauf sein.

Rechte Seite unten links Von Mohan Prajapaty gefertigte Keramikobjekte sind beliebte Erinnerungsstücke der Besucher. Für die Herstellung an einer traditionellen nepalesischen Töpferscheibe braucht er kein Watt Strom, sondern eine ausgewogene Mischung aus Kraft und Fingerspitzengefühl, die jeden Beobachter fasziniert.

Rechte Seite unten rechts Der Kunstschmied Andreas Lindner in seiner Werkstatt in Wald. Seine Werke sind unverkäufliche und unentbehrliche Bestandteile des Gartens. Manche, wie die Handläufe an der Treppe zum Japanischen Garten, hat er im Feuer geformt. Andere, wie die Holzbrücken im Wald- und Steppengarten, schuf er mit der Säge in der Manier eines Baumeisters.

Nikon

Rechts In der Agenda viel beschäftigter Politiker wie Horst Seehofer gehört ein von Heribert und Margit Wirth geführter Spaziergang durch den Park zu den angenehmsten Terminen.

Unten Zur Eröffnung der Gewebten Bogenbrücke im Jahr 2015 konnte Heribert Wirth den chinesischen Generalkonsul Wang begrüßen.

Linke Seite im Uhrzeigersinn von oben links
Die Augen schließen und die Wärme der Sonne auf der Haut spüren – jeder genießt die Zeit im Nepal-Himalaya-Pavillon auf seine Weise.
Der Regisseur Joseph Vilsmaier besuchte den Garten nicht nur mit dem Fotoapparat, sondern auch mit seinem Team für die Dreharbeiten zum Dokumentarfilm *Sagenhaftes Bayern*.
Gidon Kremer bei einem seiner Konzerte.
Eis am Stiel – so sieht Glückseligkeit für Kinder aus.
Wenn der Park schließt, ist der Pavillon von den Klängen des großen Gongs erfüllt. Ein Erlebnis, das sich niemand entgehen lassen sollte. Zumal hin und wieder auch Hans-Jürgen Buchner, Kopf der Band *Haindling* und regelmäßiger Besucher des Parks, diesen Gong zum Klingen bringt.

Anhang

Pflanzenregister

Fett gesetzte Zahlen weisen auf Abbildungen hin.

Die Autorin

Stefanie Syren studierte Landschaftsarchitektur in München und Évora (Portugal). Nach ersten praktischen Berufserfahrungen in Baumschulen und Planungsbüros volontierte und arbeitete sie bei Magazinen wie *Homes & Gardens*, *Garden Style*, *Country Homes* und *Landhaus Living*. Seit 2010 arbeitet sie als freie Journalistin mit den Schwerpunkten Garten- und Pflanzen sowie Wohnen und Deko und ist als Buchautorin tätig. Mehr Infos unter www.stefaniesyren.de.

Die Fotografin

Ulrike Romeis wuchs in München auf, studierte an der FH Dortmund Foto-Design und erhielt Auszeichnungen und Preise. Sie arbeitet freiberuflich für Zeitschriften sowie Buchverlage und ist Herausgeberin von Postkarten und Kalendern. Sie arbeitet im Team mit Josef Bieker.

Dank

Ohne Heribert und Margit Wirth gäbe es dieses Buch nicht. Sie öffneten den Garten, wann immer das Licht für die Fotoaufnahmen günstig war, und führten selbst dann in aller Ruhe durch den Park, wenn sie eigentlich gar keine Zeit dafür hatten.
Olaf Grabner war uns mit seinem unerschöpflichen Fachwissen eine unentbehrliche Hilfe und nahm sich wiederholt Zeit für botanische Führungen durch den Park.
Bei ihnen und allen anderen, die dieses Buch mit Rat und Tat unterstützt haben, möchten wir uns ganz herzlich bedanken.

Stefanie Syren und *Ulrike Romeis*

Wissenswertes

Nepal-Himalaya-Pavillon
Martiniplatte
93109 Wiesent
Telefon: 0 94 82-95 96 86
Telefax: 0 94 82-95 96 87
eMail: info@nepal-himalaya-pavillon.de
www.nepal-himalaya-pavillon.de

Bitte informieren Sie sich vor einem Besuch des Parks telefonisch oder auf der Homepage über eventuelle Änderungen der Öffnungszeiten und Eintrittspreise. Dort erhalten Sie auch Informationen zu Konzerten und Veranstaltungen im Pavillon.
Die Saison beginnt am 1. Mai und endet am 3. Oktober. Geöffnet ist der Park am 1. Samstag eines jeden Monats sowie an allen Samstagen im August, montags und an Feiertagen jeweils von 13 bis 17 Uhr. Sonntags ist der Park von 13 bis 18 Uhr geöffnet.

Planen Sie für einen Rundgang mindestens 2 Stunden Zeit ein.
Im Teehaus neben dem Nepal-Himalaya-Pavillon können Sie Tee oder Kaffee und Kuchen genießen; im gegenüberliegenden Verkaufspavillon werden kunstgewerbliche Artikel aus Nepal angeboten. Hier kann man dem Töpfer Mohan auch bei seiner Arbeit an der großen Töpferscheibe über die Schulter schauen.
Etwa einstündige Führungen können vorab unter der eMail-Adresse fuehrung@nepal-himalaya-pavillon.de vereinbart werden. Angeboten werden eher allgemeine Führungen durch den Park (ohne Chinagarten) und den Nepal-Himalaya-Pavillon oder botanische Führungen.
Wer es einrichten kann, sollte bis zum Ende der Öffnungszeit im Park bleiben. Dann signalisiert der große Gong im Pavillon mit seinem weittragenden Klang das Ende eines wunderschönen Besuchstages.

Die Erlöse der Eintrittsgelder gehen in die Stiftung „Wasser für die Welt“.
www.wasser-fuer-die-welt.de

Impressum

Verlagsgruppe Random House FSC® N001967

in der Verlagsgruppe Random House GmbH,
Neumarkter Straße 28
81673 München

Umschlaggestaltung: Sofarobotnik, München
Fotos: alle Fotos von Ulrike Romeis, mit Ausnahme der Abbildungen auf S. 10: Georg Tappeiner; S. 58 oben: Stefan Gruber; Seite 92 rechts Mitte: Klaus Christl
Gartenplan: Claudia Schick, Neumarkt i. d. Opf.
Satz und Layout: Monika Pitterle/DVA
Lithografie: Repro Ludwig, Zell am See/Österreich
Druck und Bindung: Firmengruppe APPL, aprinta druck, Wemding
Papier: Profisilk

Printed in Germany
ISBN 978-3-421-04045-9
www.dva.de

1 Heidegarten
2 Großer Teich
3 Shangri-La
4 Japan-Garten
5 Himalaya-Pflanzensammlung
6 Koi-Teich
7 Glocken aus Myanmar
8 Azaleenbeet
9 Tempelchen
10 Gebetsmühlen
10
Oberer Ausgang
9
Kiosk
Teehaus
Eingang Chinagarten
E
F
Unterer Ausgang
B
G
A
C
D